VINICIUS DE MORAES

NOVOS POEMAS
(II)
(1949–1956)

LIVRARIA SÃO JOSÉ

1 Na página anterior, capa da primeira
edição de *Novos poemas* (*II*)
(Rio de Janeiro: Livraria São José, 1959).

2 Lila Bôscoli, com quem Vinicius
de Moraes se casou em 1951.

3 Com Lila e a primeira filha do casal, Georgiana, em 1954.

4 Com Luciana, sua segunda filha com Lila, em 1959.

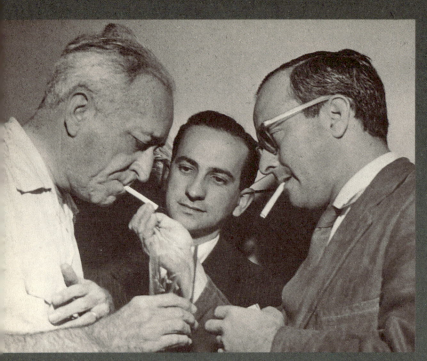

5 Jayme Ovalle, Otto Lara Resende e Vinicius de Moraes, Rio de Janeiro, 28/5/1953.

6 Página de um manuscrito das muitas versões do célebre "Receita de mulher", de *Novos poemas (II)*. O poema, escrito em Paris no ano de 1955, mostra, aqui, parte do segundo verso em francês: *"Mais il faut que se soit beau. […]"*.

Otto Lara Resende conta-nos, em crônica publicada em *O Globo* (19/2/1984), que Vinicius, em Paris, pediu-lhe que fizesse seis retificações no poema, quando de sua publicação na *Antologia poética*. E conclui: "Quero crer que todas as emendas foram feitas. Poucas expressivas. Outras vieram mais tarde, como é o caso do verso inicial: 'As muito feias que me perdoem'. Na primeira versão, não existia o advérbio *muito*. Mas há um erro que continua sendo impresso, ou que pelo menos figura em duas edições que estou consultando: a sexta edição da *Antologia poética* e a *Obra poética*, primeira edição da Aguilar em 1968. O Poeta me diz na carta que no 32º verso, a secretária bateu 'Sobremodo pertinaz', no lugar de 'Sobremodo pertinente'. De fato, não há razão para a palavra *pertinaz*, que no entanto continua até hoje sem a necessária correção. Não tenho à mão o poema tal como saiu publicado na revista, mas é óbvio que não houve tempo para essa corrigenda".

Vale observar que o erro só foi corrigido na edição da *Nova antologia poética* (org. Eucanaã Ferraz e Antonio Cicero, São Paulo: Companhia das Letras, 2003).

Ao peias que me desculpem —

Mais il faut que ce soit beau. É preciso

Que haja ~~palpen cvics~~ de flor ~~cvics~~ em tudo isso

Qualquer cvics de dança, ~~em cavidado~~ qualquer cvics

De haute couture em tudo isso (ou antes

Que ~~eu~~ ~~como~~ os ~~cvics~~ Republica

~~a melher u~~ ~~escaliza~~ (em crul) Popular ~~chinesa~~

É preciso que seja belo. É preciso que, ~~sobre~~

haja um ~~cvicsvics~~ ar de dança apenas privado,

~~cvics em seu~~

de ser em pranto

Tenho ~~eus~~ ~~in~~ só encontravel ~~cvicsvics preto~~ e que um nota

par

no terceiro minuto da ~~cvicsvics~~ ou

no ~~pé~~ ~~com~~ ~~cvicscvics~~

É preciso que ~~cvics~~ ela ~~cvicscvics~~

~~ceja~~ ~~ser~~ no parte superior

~~seja~~ em ser, mas que ~~do femur~~

~~cvicscvics~~

~~cvics que ce ce apena evasiva~~ ~~cvics~~ ~~também~~

~~cvics~~ u replika É

E desabrocham ~~no~~ olhar ~~cvics~~ ~~cvics~~

conscente de sr buscar.

É preciso: é absolutamente preciso que ~~seja~~ belo

tudo

É inesperado

~~cvicscvics~~ ~~cvics~~ ~~cvics~~ ~~cvics~~ ~~cvics~~

por acaso É preciso que umas

~~cvicscvics~~ ~~beso~~ palpebras

Lembrem-me verso de Eluard, e que Se acaricie num breve

Alguma cvics cheio da carne, que se toque

7 Copacabana tem presença marcante na obra de Vinicius de Moraes. Em *Novos poemas (II)*, um poema é inteiramente dedicado ao bairro e sua praia: "Esta é Copacabana, ampla laguna/ Curva e horizonte, arco de amor vibrando/ Suas flechas de luz contra o infinito".

O POETA HART CRANE SUICIDA-SE NO MAR

Quando tu caiste hagua
Não sentiste como é fria?
Como é fria assim na noite
Como é fria, como é fria?
E ao teu baque, que por certo
Te acordou da nostalgia
(Essa incrivel nostalgia
Nostalgia de deserto...)
-Que te disse a Poesia?

Que te disse a Poesia
Qando Venus que luzia
No céu tão perto(tão longe
Da tua melancolia...)
Brilhou na tua agonia:
Agonia do desperto?

Que te disse a Poesia
Sôbre o líquido deserto
Ante o mar boquiaberto
Incerto se te engolia
Ou ao navio a rumo certo
Que na noite se escondia?

Temeste a morte, poeta?
Temeste a escarpa sombria
Que sob a tua agonia
Descia sem rumo certo?
Como sentiste o deserto
O deserto absoluto
O oceano absoluto
Imenso, sozinho, aberto?

Que te falou o Universo
O Infinito a descoberto?
Que te disse o amor incerto
Das ondas na ventania?
Que frouxos de zombaria
Ouviste ainda desperto
Às estrelas que por certo
Cochichavam luz macia?

Sentiste angústia, poeta
Ou um espasmo de alegria
Quando ouviste que bolia
Um peixe nadando perto?
A tua carne fremia
À ideia da dança inerte
Que teu corpo dançaria
No pélago submerso?

Dançaste muito, poeta
Entre os veus da água sombria
Coberto pela redoma
Da grande treva vasia?
Que coisas viste, poeta
De que segredos soubeste
Suspenso na crista agreste
Do imenso abismo sem meta?

Que maravilha, poe
Que te disse a poe

8 Uma das muitas versões do poema "O poeta Hart Crane suicida-se no mar", inspirado pela morte do poeta, ocorrida em 27 de abril de 1932.

9 Ao lado, Hart Crane pelo fotógrafo Walker Evans (1929-30).

10 Duas versões (primeira página) do poema "O operário em construção", um dos mais conhecidos de *Novos poemas* (*II*).

O OPERÁRIO EM CONSTRUÇÃO

Vinicius de Moraes

Era êle que erguia casas
Onde antes só havia chão.
Como um pássaro sem asas
Êle subia com as casas
Que lhe brotavam da mão.
Mas tudo desconhecia
De sua bela missão.

Não sabia, por exemplo
Que a casa de um homem é um templo
Um templo sem religião
Como tão pouco sabia
Que a casa que ele fazia
Sendo a sua liberdade
Era a sua escravidão.

De fato, como podia
Um operário em construção
Compreender porque um tijolo
Mais valia do que um pão?
Tijolos, ele empilhava
Com pá, cimento e esquadria
~~Não comia os tijolos~~ *Olha quanto ao pão*
~~que ele comia coberpor~~ *ele o comia*
Mas fôsse comer tijolo...
E assim o operário ia
Com suor e com cimento
Erguendo uma casa ~~ali~~ *aqui*
~~logo ali~~
~~Adiante~~ um apartamento
Além uma igreja, à frente
Um quartel e uma prisão *Quartel ~~ao que servia~~ em que servia*
Prisão de que sofreria *E prisão ~~em que sofreria~~*
Não fôsse, ~~êle sinplesmente~~ *em que estava*
Um operário em construção. *~~meramente~~ ~~acidentalmente~~*
acidentalmente

Mas êle desconhecia

11 Em maio de 1979, exatamente vinte anos após sua publicação em livro, "O operário em construção" é lido por Vinicius de Moraes em missa realizada no Dia do Trabalhador, no Paço Municipal de São Bernardo do Campo (SP). O evento foi um marco histórico da luta pela democracia no Brasil. A participação de Vinicius deveu-se ao convite do então presidente do Sindicato dos Metalúrgicos do ABC, Luiz Inácio Lula da Silva.

MENINO MORTO PELAS LADEIRAS DE OURO PRETO

Hoje a pátina do tempo cobre também o céu de outono

Para o teu enterro de anjinho, menino morto

Menino morto pelas ladeiras de Ouro Preto...

Berçam-te o sono essas velhas pedras por onde se esforçam
Teu
pequenino caixão aberto em branco e rosa.

Nem rosas para o teu sono, menino morto

Menino morto pelas ladeiras de Ouro Preto...

Nem rosas para colorir teu rostinho de cera

Tuas mãozinhas em prece, teu cabelo louro cortado rente...

Abre também teus olhos opacos, menino morto
Menino morto pelas ladeiras de Ouro Preto...
Acima de ti o céu é antigo, não te compreende.

Mas Logo terás, no cemitério das Mercês de Cima
saramujinhos e gongôlos
da terra brincar como gostavas
velho
Nos baldios do corrego, menino morto

Menino morto pelas ladeiras de Ouro Preto...

Ah, pequenino cadaver a mirar o tempo

Que doçura a tua, como saiste do meu peito

Para esta negra tarde a chover cinzas...

Que pobreza a tua, menino morto
pobres/os
Que amiguinhos que te acompanham

Empunhando flores do mato pelas ladeiras de Ouro Preto...

Que vazio restou o mundo com a tua ausência

Que silentes as casas... que desesperado o crepúsculo

A desfolhar as primeiras pétalas de treva!...

Ouro Preto, 14.4.59

12 Vinicius de Moraes teve uma longa e intensa história de amor com a cidade histórica de Ouro Preto, em Minas Gerais. Suas ruas são o cenário do poema "Menino morto pelas ladeiras de Ouro Preto", aqui em dactiloscrito com emendas feitas pelo poeta.

13 Panorâmica de Ouro Preto pelas lentes de Marc Ferrez (c.1890).

14 Na página seguinte, Vinicius de Moraes em outra cidade histórica mineira, Congonhas, no Santuário de Bom Jesus de Matosinhos. O poeta está sentado aos pés do profeta Abdias, uma das doze imagens esculpidas por Aleijadinho para o adro da igreja (1952).

NOVOS POEMAS (II)

NOVOS POEMAS (II)
1959

VINICIUS DE MORAES

**COLEÇÃO
VINICIUS DE MORAES**
COORDENAÇÃO
EDITORIAL
EUCANAÃ FERRAZ

COMPANHIA DAS LETRAS

Copyright © 2012 by V. M. Empreendimentos Artísticos e Culturais Ltda.

Grafia atualizada segundo o Acordo Ortográfico da Língua Portuguesa de 1990, que entrou em vigor no Brasil em 2009.

Capa e projeto gráfico
warrakloureiro
Foto de capa
Cena de rua e praia de Copacabana, Rio de Janeiro, 1949. José Medeiros/ Instituto Moreira Salles
Pesquisa
Daniel Sil
Vitor Rosa
Preparação
Márcia Copola
Revisão
Huendel Viana
Luciane Helena Gomide

Dados Internacionais de Catalogação na Publicação (CIP)
(Câmara Brasileira do Livro, SP, Brasil)

Moraes, Vinicius de, 1913-1980.
Novos poemas (II), 1959 / Vinicius de Moraes. — 1ª ed. — São Paulo : Companhia das Letras, 2012. — (Coleção Vinicius de Moraes / coordenação editorial Eucanaã Ferraz)

ISBN 978-85-359-2185-4

1. Poesia brasileira I. Ferraz, Eucanaã. II. Título. III. Série.

12-12690   CDD-869.91

Índice para catálogo sistemático:
1. Poesia: Literatura brasileira 869.91

[2012]
Todos os direitos desta edição reservados à
EDITORA SCHWARCZ S.A.
Rua Bandeira Paulista, 702, cj. 32
04532-002 — São Paulo — SP
Telefone: [11] 3707 3500
Fax: [11] 3707 3501
www.companhiadasletras.com.br
www.blogdacompanhia.com.br

SUMÁRIO

A hora íntima 9
Menino morto pelas ladeiras de Ouro Preto 12
Poema dos olhos da amada 13
O poeta Hart Crane suicida-se no mar 15
A brusca poesia da mulher amada (ii) 18
Copacabana 20
A que vem de longe 23
Receita de mulher 25
Balada negra 28
Soneto do amor total 32
Balada das duas mocinhas de Botafogo 33
Máscara mortuária de Graciliano Ramos 39
O mergulhador 40
Pôr do sol em Itatiaia 43
Poema de Auteil 44
Genebra em dezembro 46
O operário em construção 48

posfácio
Um claro na treva,
por Ivan Marques 59

arquivo
Do verso solitário ao canto coletivo,
por Eduardo Portella 73
Entrevista concedida por Vinicius de Moraes a Clarice Lispector 79

cronologia 85

créditos das imagens 93

NOVOS POEMAS (II)

A HORA ÍNTIMA

Quem pagará o enterro e as flores
Se eu me morrer de amores?
Quem, dentre amigos, tão amigo
Para estar no caixão comigo?
Quem, em meio ao funeral
Dirá de mim: — Nunca fez mal...
Quem, bêbedo, chorará em voz alta
De não me ter trazido nada?
Quem virá despetalar pétalas
No meu túmulo de poeta?
Quem jogará timidamente
Na terra um grão de semente?
Quem elevará o olhar covarde
Até a estrela da tarde?
Quem me dirá palavras mágicas
Capazes de empalidecer o mármore?
Quem, oculta em véus escuros
Se crucificará nos muros?
Quem, macerada de desgosto
Sorrirá: — Rei morto, rei posto...
Quantas, debruçadas sobre o báratro
Sentirão as dores do parto?
Qual a que, branca de receio
Tocará o botão do seio?
Quem, louca, se jogará de bruços
A soluçar tantos soluços
Que há de despertar receios?
Quantos, os maxilares contraídos
O sangue a pulsar nas cicatrizes
Dirão: — Foi um doido amigo...

Quem, criança, olhando a terra
Ao ver movimentar-se um verme
Observará um ar de critério?
Quem, em circunstância oficial
Há de propor meu pedestal?
Quais os que, vindos da montanha
Terão circunspecção tamanha
Que eu hei de rir branco de cal?
Qual a que, o rosto sulcado de vento
Lançará um punhado de sal
Na minha cova de cimento?
Quem cantará canções de amigo
No dia do meu funeral?
Qual a que não estará presente
Por motivo circunstancial?
Quem cravará no seio duro
Uma lâmina enferrujada?
Quem, em seu verbo inconsútil
Há de orar: — Deus o tenha em sua guarda.
Qual o amigo que a sós consigo
Pensará: — Não há de ser nada...
Quem será a estranha figura
A um tronco de árvore encostada
Com um olhar frio e um ar de dúvida?
Quem se abraçará comigo
Que terá de ser arrancada?

Quem vai pagar o enterro e as flores
Se eu me morrer de amores?

Rio, 1950

MENINO MORTO PELAS
LADEIRAS DE OURO PRETO

Hoje a pátina do tempo cobre também o céu de outono
Para o teu enterro de anjinho, menino morto
Menino morto pelas ladeiras de Ouro Preto.
Berçam-te o sono essas velhas pedras por onde se esforça
Teu caixãozinho trêmulo, aberto em branco e rosa.
Nem rosas para o teu sono, menino morto
Menino morto pelas ladeiras de Ouro Preto.
Nem rosas para colorir teu rosto de cera
Tuas mãozinhas em prece, teu cabelo louro cortado rente...
Abre bem teus olhos opacos, menino morto
Menino morto pelas ladeiras de Ouro Preto.
Acima de ti o céu é antigo, não te compreende.
Mas logo terás, no Cemitério das Mercês de Cima
Caramujos e gongolos da terra para brincar como gostavas
Nos baldios do velho córrego, menino morto
Menino morto pelas ladeiras de Ouro Preto.
Ah, pequenino cadáver a mirar o tempo
Que doçura a tua; como saíste do meu peito
Para esta negra tarde a chover cinzas...
Que miséria a tua, menino morto
Que pobrinhos os garotos que te acompanham
Empunhando flores do mato pelas ladeiras de Ouro Preto...
Que vazio restou o mundo com a tua ausência...
Que silentes as casas... que desesperado o crepúsculo
A desfolhar as primeiras pétalas de treva...

1952

POEMA DOS OLHOS DA AMADA

Ó minha amada
Que olhos os teus
São cais noturnos
Cheios de adeus
São docas mansas
Trilhando luzes
Que brilham longe
Longe nos breus...

Ó minha amada
Que olhos os teus
Quanto mistério
Nos olhos teus
Quantos saveiros
Quantos navios
Quantos naufrágios
Nos olhos teus...

Ó minha amada
Que olhos os teus
Se Deus houvera
Fizera-os Deus
Pois não os fizera
Quem não soubera
Que há muitas eras
Nos olhos teus.

Ah, minha amada
De olhos ateus
Cria a esperança

Nos olhos meus
De verem um dia
O olhar mendigo
Da poesia
Nos olhos teus.

Rio, 1950

O POETA HART CRANE SUICIDA-SE NO MAR

Quando mergulhaste na água
Não sentiste como é fria
Como é fria assim na noite
Como é fria, como é fria?
E ao teu medo que por certo
Te acordou da nostalgia
(Essa incrível nostalgia
Dos que vivem no deserto…)
Que te disse a Poesia?

Que te disse a Poesia
Quando Vênus que luzia
No céu tão perto (tão longe
Da tua melancolia…)
Brilhou na tua agonia
De moribundo desperto?

Que te disse a Poesia
Sobre o líquido deserto
Ante o mar boquiaberto
Incerto se te engolia
Ou ao navio a rumo certo
Que na noite se escondia?

Temeste a morte, poeta?
Temeste a escarpa sombria
Que sob a tua agonia
Descia sem rumo certo?
Como sentiste o deserto
O deserto absoluto

O oceano absoluto
Imenso, sozinho, aberto?

Que te falou o Universo
O infinito a descoberto?
Que te disse o amor incerto
Das ondas na ventania?
Que frouxos de zombaria
Não ouviste, ainda desperto
Às estrelas que por certo
Cochichavam luz macia?

Sentiste angústia, poeta
Ou um espasmo de alegria
Ao sentires que bulia
Um peixe nadando perto?
A tua carne não fremia
À ideia da dança inerte
Que teu corpo dançaria
No pélago submerso?

Dançaste muito, poeta
Entre os véus da água sombria
Coberto pela redoma
Da grande noite vazia?
Que coisas viste, poeta?
De que segredos soubeste
Suspenso na crista agreste
Do imenso abismo sem meta?

Dançaste muito, poeta?
Que te disse a Poesia?

Rio, 1953

A BRUSCA POESIA DA MULHER AMADA (II)

A mulher amada carrega o cetro, o seu fastígio
É máximo. A mulher amada é aquela que aponta para a noite
E de cujo seio surge a aurora. A mulher amada
É quem traça a curva do horizonte e dá linha ao movimento
[dos astros.
Não há solidão sem que sobrevenha a mulher amada
Em seu acúmen. A mulher amada é o padrão índigo da cúpula
E o elemento verde antagônico. A mulher amada
É o tempo passado no tempo presente no tempo futuro
No sem tempo. A mulher amada é o navio submerso
É o tempo submerso, é a montanha imersa em líquen.
É o mar, é o mar, é o mar a mulher amada
E sua ausência. Longe, no fundo plácido da noite
Outra coisa não é senão o seio da mulher amada
Que ilumina a cegueira dos homens. Alta, tranquila e trágica
É essa que eu chamo pelo nome de mulher amada
Nascitura. Nascitura da mulher amada
É a mulher amada. A mulher amada é a mulher amada
[é a mulher amada
É a mulher amada. Quem é que semeia o vento? —
[a mulher amada!
Quem colhe a tempestade? — a mulher amada! Quem
[determina os meridianos? — a mulher
Amada! Quem a misteriosa portadora de si mesma?
A mulher amada! Talvegue, estrela, petardo
Nada a não ser a mulher amada necessariamente amada
Quando! E de outro não seja, pois é ela
A coluna e o gral, a fé e o símbolo, implícita
Na criação. Por isso, seja ela! A ela o canto e a oferenda
O gozo e o privilégio, a taça erguida e o sangue do poeta

Correndo pelas ruas e iluminando as perplexidades.
Eia, a mulher amada! Seja ela o princípio e o fim de todas
[as coisas.
Poder geral, completo, absoluto à mulher amada!

Rio, 1950

COPACABANA

Esta é Copacabana, ampla laguna
Curva e horizonte, arco de amor vibrando
Suas flechas de luz contra o infinito.
Aqui meus olhos desnudaram estrelas
Aqui meus braços discursaram à lua
Desabrochavam feras dos meus passos
Nas florestas de dor que percorriam.
Copacabana, praia de memórias!
Quantos êxtases, quantas madrugadas
Em teu colo marítimo!

    — Esta é a areia

Que eu tanto enlameei com minhas lágrimas
— Aquele é o bar maldito. Podes ver
Naquele escuro ali? É um obelisco
De treva — cone erguido pela noite
Para marcar por toda a eternidade
O lugar onde o poeta foi perjuro.
Ali tombei, ali beijei-te ansiado
Como se a vida fosse terminar
Naquele louco embate. Ali cantei
À lua branca, cheio de bebida
Ali menti, ali me ciliciei
Para gozo da aurora pervertida.
Sobre o banco de pedra que ali tens
Nasceu uma canção. Ali fui mártir
Fui réprobo, fui bárbaro, fui santo
Aqui encontrarás minhas pegadas
E pedaços de mim por cada canto.

Numa gota de sangue numa pedra
Ali estou eu. Num grito de socorro
Entreouvido na noite, ali estou eu.
No eco longínquo e áspero do morro
Ali estou eu. Vês tu essa estrutura
De apartamentos como uma colmeia
Gigantesca? em muitos penetrei
Tendo a guiar-me apenas o perfume
De um sexo de mulher a palpitar
Como uma flor carnívora na treva.
Copacabana! ah, cidadela forte
Desta minha paixão! a velha lua
Ficava de seu nicho me assistindo
Beber, e eu muita vez a vi luzindo
No meu copo de uísque, branca e pura
A destilar tristeza e poesia.
Copacabana! réstia de edifícios
Cujos nomes dão nome ao sentimento!
Foi no Leme que vi nascer o vento
Certa manhã, na praia. Uma mulher
Toda de negro no horizonte extremo
Entre muitos fantasmas me esperava:
A moça dos antúrios, deslembrada
A senhora dos círios, cuja alcova
O piscar do farol iluminava
Como a marcar o pulso da paixão
Morrendo intermitentemente. E ainda
Existe em algum lugar um gesto alto
Um brilhar de punhal, um riso acústico
Que não morreu. Ou certa porta aberta

Para a infelicidade: inesquecível
Frincha de luz a separar-me apenas
Do irremediável. Ou o abismo aberto
Embaixo, elástico, e o meu ser disperso
No espaço em torno, e o vento me chamando
Me convidando a voar... (Ah, muitas mortes
Morri entre essas máquinas erguidas
Contra o Tempo!) Ou também o desespero
De andar como um metrônomo para cá
E para lá, marcando o passo do impossível
À espera do segredo, do milagre
Da poesia.

    Tu, Copacabana
Mais que nenhuma outra foste a arena
Onde o poeta lutou contra o invisível
E onde encontrou enfim sua poesia
Talvez pequena, mas suficiente
Para justificar uma existência
Que sem ela seria incompreensível.

Los Angeles, 1948

A QUE VEM DE LONGE

A minha amada veio de leve
A minha amada veio de longe
A minha amada veio em silêncio
        Ninguém se iluda.

A minha amada veio da treva
Surgiu da noite qual dura estrela
Sempre que penso no seu martírio
        Morro de espanto.

A minha amada veio impassível
Os pés luzindo de luz macia
Os alvos braços em cruz abertos
        Alta e solene.

Ao ver-me posto, triste e vazio
Num passo rápido a mim chegou-se
E com singelo, doce ademane
        Roçou-me os lábios.

Deixei-me preso ao seu rosto grave
Preso ao seu riso no entanto ausente
Inconsciente de que chorava
        Sem dar-me conta.

Depois senti-lhe o tímido tato
Dos lentos dedos tocar-me o peito
E as unhas longas se me cravarem
        Profundamente.

Aprisionado num só meneio
Ela cobriu-me de seus cabelos
E os duros lábios no meu pescoço
        Pôs-se a sugar-me.

Muitas auroras transpareceram
Do meu crescente ficar exangue
Enquanto a amada suga-me o sangue
        Que é a luz da vida.

1951

RECEITA DE MULHER

As muito feias que me perdoem
Mas beleza é fundamental. É preciso
Que haja qualquer coisa de flor em tudo isso
Qualquer coisa de dança, qualquer coisa de *haute couture*
Em tudo isso (ou então
Que a mulher se socialize elegantemente em azul, como
                    [na República Popular Chinesa).
Não há meio-termo possível. É preciso
Que tudo isso seja belo. É preciso que súbito
Tenha-se a impressão de ver uma garça apenas pousada
                    [e que um rosto
Adquira de vez em quando essa cor só encontrável
                    [no terceiro minuto da aurora.
É preciso que tudo isso seja sem ser, mas que se reflita
                    [e desabroche
No olhar dos homens. É preciso, é absolutamente preciso
Que seja tudo belo e inesperado. É preciso que umas
                    [pálpebras cerradas
Lembrem um verso de Éluard e que se acaricie nuns braços
Alguma coisa além da carne: que se os toque
Como o âmbar de uma tarde. Ah, deixai-me dizer-vos
Que é preciso que a mulher que ali está como a corola ante
                    [o pássaro
Seja bela ou tenha pelo menos um rosto que lembre um
                    [templo e
Seja leve como um resto de nuvem: mas que seja uma nuvem
Com olhos e nádegas. Nádegas é importantíssimo. Olhos,
                    [então
Nem se fala, que olhem com certa maldade inocente. Uma
                    [boca

Fresca (nunca úmida!) é também de extrema pertinência.
É preciso que as extremidades sejam magras; que uns ossos
Despontem, sobretudo a rótula no cruzar das pernas,
                              [e as pontas pélvicas
No enlaçar de uma cintura semovente.
Gravíssimo é porém o problema das saboneteiras: uma
                              [mulher sem saboneteiras
É como um rio sem pontes. Indispensável
Que haja uma hipótese de barriguinha, e em seguida
A mulher se alteie em cálice, e que seus seios
Sejam uma expressão greco-romana, mais que gótica
                              [ou barroca
E possam iluminar o escuro com uma capacidade mínima
                              [de cinco velas.
Sobremodo pertinente é estarem a caveira e a coluna vertebral
Levemente à mostra; e que exista um grande latifúndio dorsal!
Os membros que terminem como hastes, mas bem haja
                              [um certo volume de coxas
E que elas sejam lisas, lisas como a pétala e cobertas
                              [de suavíssima penugem
No entanto sensível à carícia em sentido contrário.
É aconselhável na axila uma doce relva com aroma próprio
Apenas sensível (um mínimo de produtos farmacêuticos!)
Preferíveis sem dúvida os pescoços longos
De forma que a cabeça dê por vezes a impressão
De nada ter a ver com o corpo, e a mulher não lembre
Flores sem mistério. Pés e mãos devem conter elementos
                              [góticos
Discretos. A pele deve ser fresca nas mãos, nos braços,
                              [no dorso e na face

Mas que as concavidades e reentrâncias tenham uma
                    [temperatura nunca inferior
A 37° centígrados, podendo eventualmente provocar
                    [queimaduras
Do primeiro grau. Os olhos, que sejam de preferência grandes
E de rotação pelo menos tão lenta quanto a da Terra; e
Que se coloquem sempre para lá de um invisível muro
                    [de paixão
Que é preciso ultrapassar. Que a mulher seja em princípio alta
Ou, caso baixa, que tenha a atitude mental dos altos píncaros.
Ah, que a mulher dê sempre a impressão de que se se fechar
                    [os olhos
Ao abri-los ela não mais estará presente
Com seu sorriso e suas tramas. Que ela surja, não venha;
                    [parta, não vá
E que possua uma certa capacidade de emudecer
          [subitamente e nos fazer beber
O fel da dúvida. Oh, sobretudo
Que ela não perca nunca, não importa em que mundo
Não importa em que circunstâncias, a sua infinita volubilidade
De pássaro; e que acariciada no fundo de si mesma
Transforme-se em fera sem perder sua graça de ave; e que
                    [exale sempre
O impossível perfume; e destile sempre
O embriagante mel; e cante sempre o inaudível canto
Da sua combustão; e não deixe de ser nunca a eterna
                    [dançarina
Do efêmero; e em sua incalculável imperfeição
Constitua a coisa mais bela e mais perfeita de toda a criação
                    [inumerável.

BALADA NEGRA

Éramos meu pai e eu
E um negro, negro cavalo
Ele montado na sela
Eu na garupa enganchado.
Quando? eu nem sabia ler
Por quê? saber não me foi dado
Só sei que era o alto da serra
Nas cercanias de Barra.
Ao negro corpo paterno
Eu vinha muito abraçado
Enquanto o cavalo lerdo
Negramente caminhava.
Meus olhos escancarados
De medo e negra friagem
Eram buracos na treva
Totalmente impenetrável.
Às vezes sem dizer nada
O grupo equestre estacava
E havia um negro silêncio
Seguido de outros mais vastos.
O animal apavorado
Fremia as ancas molhadas
Do negro orvalho pendente
De negras, negras ramadas.
Eu ausente de mim mesmo
Pelo negrume em que estava
Recitava padre-nossos
Exorcizando os fantasmas.
As mãos da brisa silvestre
Vinham de luto enluvadas

Acarinhar-me os cabelos
Que se me punham eriçados.
As estrelas nessa noite
Dormiam num negro claustro
E a lua morta jazia
Envolta em negra mortalha.
Os pássaros da desgraça
Negros no escuro piavam
E a floresta crepitava
De um negror irremediável.
As vozes que me falavam
Eram vozes sepulcrais
E o corpo a que eu me abraçava
Era o de um morto a cavalo.
O cavalo era um fantasma
Condenado a caminhar
No negro bojo da noite
Sem destino e a nunca mais.
Era eu o negro infante
Condenado ao eterno báratro
Para expiar por todo o sempre
Os meus pecados da carne.
Uma coorte de padres
Para a treva me apontava
Murmurando vade-retros
Soletrando breviários.
Ah, que pavor negregado
Ah, que angústia desvairada
Naquele túnel sem termo
Cavalgando sem cavalo!

Foi quando meu pai me disse:
— Vem nascendo a madrugada...
E eu embora não a visse
Pressenti-a nas palavras
De meu pai ressuscitado
Pela luz da realidade.

E assim foi. Logo na mata
O seu rosa imponderável
Aos poucos se insinuava
Revelando coisas mágicas.
A sombra se desfazendo
Em entretons de cinza e opala
Abria um claro na treva
Para o mundo vegetal.
O cavalo pôs-se esperto
Como um cavalo de fato
Trotando de rédea curta
Pela úmida picada.
Ah, que doçura dolente
Naquela aurora raiada
Meu pai montando na frente
Eu na garupa enganchado!
Apertei-o fortemente
Cheio de amor e cansaço
Enquanto o bosque se abria
Sobre o luminoso vale...
E assim fui-me ao sono, certo
De que meu pai estava perto
E a manhã se anunciava.

Hoje que conheço a aurora
E sei onde caminhar
Hoje sem medo da treva
Sem medo de não me achar
Hoje que morto meu pai
Não tenho em quem me apoiar
Ah, quantas vezes com ele
Vou ao túmulo deitar
E ficamos cara a cara
Na mais doce intimidade
Certos que a morte não leva:
Certos de que toda treva
Tem a sua madrugada.

SONETO DO AMOR TOTAL

Amo-te tanto, meu amor... não cante
O humano coração com mais verdade...
Amo-te como amigo e como amante
Numa sempre diversa realidade.

Amo-te afim, de um calmo amor prestante
E te amo além, presente na saudade
Amo-te, enfim, com grande liberdade
Dentro da eternidade e a cada instante.

Amo-te como um bicho, simplesmente
De um amor sem mistério e sem virtude
Com um desejo maciço e permanente.

E de te amar assim, muito e amiúde
É que um dia em teu corpo, de repente
Hei de morrer de amar mais do que pude.

Rio, 1951

BALADA DAS DUAS MOCINHAS DE BOTAFOGO

Eram duas menininhas
Filhas de boa família:
Uma chamada Marina
A outra chamada Marília.
Os dezoito da primeira
Eram brejeiros e finos
Os vinte da irmã cabiam
Numa mulher pequenina.
Sem terem nada de feias
Não chegavam a ser bonitas
Mas eram meninas-moças
De pele fresca e macia.
O nome ilustre que tinham
De um pai desaparecido
Nelas deixara a evidência
De tempos mais bem vividos.
A mãe pertencia à classe
Das largadas de marido
Seus oito lustros de vida
Davam a impressão de mais cinco.
Sofria muito de asma
E da desgraça das filhas
Que, posto boas meninas
Eram tão desprotegidas
E por total abandono
Davam mais do que galinhas.

Casa de porta e janela
Era a sua moradia
E dentro da casa aquela

Mãe pobre e melancolia.
Quando à noite as menininhas
Se aprontavam pra sair
A loba materna uivava
Suas torpes profecias.
De fato deve ser triste
Ter duas filhas assim
Que nada tendo a ofertar
Em troca de uma saída
Dão tudo o que têm aos homens:
A mão, o sexo, o ouvido
E até mesmo, quando instadas
Outras flores do organismo.

Foi assim que se espalhou
A fama das menininhas
Através do que esse disse
E do que aquele diria.
Quando a um grupo de rapazes
A noite não era madrinha
E a caça de mulher grátis
Resultava-lhes maninha
Um deles qualquer lembrava
De Marília e de Marina
E um telefone soava
De um constante toque cínico
No útero de uma mãe
E suas duas filhinhas.
Oh, vida torva e mesquinha
A de Marília e Marina

Vida de porta e janela
Sem amor e sem comida
Vida de arroz requentado
E média com pão dormido
Vida de sola furada
E cotovelo puído
Com seios moços no corpo
E na mente sonhos idos!

Marília perdera o seu
Nos dedos de um caixeirinho
Que o que dava em coca-cola
Cobrava em rude carinho.
Com quatorze apenas feitos
Marina não era mais virgem
Abrira os prados do ventre
A um treinador pervertido.
Embora as lutas do sexo
Não deixem marcas visíveis
Tirante as flores lilases
Do sadismo e da sevícia
Às vezes deixam no amplexo
Uma grande náusea íntima
E transformam o que é de gosto
Num desgosto incoercível.

E era esse bem o caso
De Marina e de Marília
Quando sozinhas em casa
Não tinham com quem sair.

Ficavam olhando paradas
As paredes carcomidas
Mascando bolas de chicles
Bebendo água de moringa.
Que abismos de desconsolo
Ante seus olhos se abriam
Ao ouvirem a asma materna
Silvar no quarto vizinho!
Os monstros da solidão
Uivavam no seu vazio
E elas então se abraçavam
Se beijavam e se mordiam
Imitando coisas vistas
Coisas vistas e vividas
Enchendo as frondes da noite
De pipilares tardios.

Ah, se o sêmen de um minuto
Fecundasse as menininhas
E nelas crescessem ventres
Mais do que a tristeza íntima!
Talvez de novo o mistério
Morasse em seus olhos findos
E nos seus lábios inconhos
Enflorescessem sorrisos.
Talvez a face dos homens
Se fizesse, de maligna
Na doce máscara pensa
Do seu sonho de meninas!

Mas tal não fosse o destino
De Marília e de Marina.
Um dia, que a noite trouxe
Coberto de cinzas frias
Como sempre acontecia
Quando achavam-se sozinhas
No velho sofá da sala
Brincaram-se as menininhas.
Depois se olharam nos olhos
Nos seus pobres olhos findos
Marina apagou a luz
Deram-se as mãos, foram indo
Pela rua transversal
Cheia de negros baldios.
Às vezes pela calçada
Brincavam de amarelinha
Como faziam no tempo
Da casa dos tempos idos.
Diante do cemitério
Já nada mais se diziam.
Vinha um bonde a nove pontos...
Marina puxou Marília
E diante do semovente
Crescendo em luzes aflitas
Num desesperado abraço
Postaram-se as menininhas.

Foi só um grito e o ruído
Da freada sobre os trilhos

E por toda parte o sangue
De Marília e de Marina.

MÁSCARA MORTUÁRIA DE GRACILIANO RAMOS

Feito só, sua máscara paterna
Sua máscara tosca, de acre-doce
Feição, sua máscara austerizou-se
Numa preclara decisão eterna.

Feito só, feito pó, desencantou-se
Nele o íntimo arcanjo, a chama interna
Da paixão em que sempre se queimou
Seu duro corpo que ora longe inverna.

Feito pó, feito pólen, feito fibra
Feito pedra, feito o que é morto e vibra
Sua máscara enxuta de homem forte.

Isto revela em seu silêncio à escuta:
Numa severa afirmação da luta
Uma impassível negação da morte.

Rio, março de 1953

O MERGULHADOR

E il naufragar m'è dolce in questo mare
Leopardi

Como, dentro do mar, libérrimos, os polvos
No líquido luar tateiam a coisa a vir
Assim, dentro do ar, meus lentos dedos loucos
Passeiam no teu corpo a te buscar-te a ti.

És a princípio doce plasma submarino
Flutuando ao sabor de súbitas correntes
Frias e quentes, substância estranha e íntima
De teor irreal e tato transparente.

Depois teu seio é a infância, duna mansa
Cheia de alísios, marco espectral do istmo
Onde, a nudez vestida só de lua branca
Eu ia mergulhar minha face já triste.

Nele soterro a mão como a cravei criança
Noutro seio de que me lembro, também pleno…
Mas não sei… o ímpeto deste é doído e espanta
O outro me dava vida, este me mete medo.

Toco uma a uma as doces glândulas em feixes
Com a sensação que tinha ao mergulhar os dedos
Na massa cintilante e convulsa de peixes
Retiradas ao mar nas grandes redes pensas.

E ponho-me a cismar... — mulher, como te expandes!
Que imensa és tu! maior que o mar, maior que a infância!
De coordenadas tais e horizontes tão grandes
Que assim imersa em amor és uma Atlântida!

Vem-me a vontade de matar em ti toda a poesia
Tenho-te em garra; olhas-me apenas; e ouço
No tato acelerar-se-me o sangue, na arritmia
Que faz meu corpo vil querer teu corpo moço.

E te amo, e te amo, e te amo, e te amo
Como o bicho feroz ama, a morder, a fêmea
Como o mar ao penhasco onde se atira insano
E onde a bramir se aplaca e a que retorna sempre.

Tenho-te e dou-me a ti válido e indissolúvel
Buscando a cada vez, entre tudo o que enerva
O imo do teu ser, o vórtice absoluto
Onde possa colher a grande flor da treva.

Amo-te os longos pés, ainda infantis e lentos
Na tua criação; amo-te as hastes tenras
Que sobem em suaves espirais adolescentes
E infinitas, de toque exato e frêmito.

Amo-te os braços juvenis que abraçam
Confiantes meu criminoso desvario
E as desveladas mãos, as mãos multiplicantes
Que em cardume acompanham o meu nadar sombrio.

Amo-te o colo pleno, onda de pluma e âmbar
Onda lenta e sozinha onde se exaure o mar
E onde é bom mergulhar até romper-me o sangue
E me afogar de amor e chorar e chorar.

Amo-te os grandes olhos sobre-humanos
Nos quais, mergulhador, sondo a escura voragem
Na ânsia de descobrir, nos mais fundos arcanos
Sob o oceano, oceanos; e além, a minha imagem.

Por isso — isso e ainda mais que a poesia não ousa
Quando depois de muito mar, de muito amor
Emergindo de ti, ah, que silêncio pousa
Ah, que tristeza cai sobre o mergulhador!

PÔR DO SOL EM ITATIAIA

Nascentes efêmeras
Em clareiras súbitas
Entre as luzes tardas
Do imenso crepúsculo.

Negros megalitos
Em doce decúbito
Sob o peso frágil
Da pálida abóbada.

Calmo, subjacente
O vale infinito
A estender-se múltiplo

Inventando espaços
Dilatando a angústia
Criando o silêncio…

Campo Belo, 1940

POEMA DE AUTEIL

A coisa não é bem essa.
Não há nenhuma razão no mundo (ou talvez só tu, Tristeza!)
Para eu estar andando nesse meio-dia por essa rua
   [estrangeira com o nome de um pintor estrangeiro.
Eu devia estar andando numa rua chamada travessa
                       [Di Cavalcanti
No Alto da Tijuca, ou melhor na Gávea, ou melhor ainda,
              [no lado de dentro de Ipanema:
E não vai nisso nenhum verde-amarelismo. De verde quereria
     [apenas um colo de morro e de amarelo um pé de acácias
        [repontando de um quintal entre telhados.
Deveria vir de algum lugar
Um dedilhar de menina estudando piano ou o assovio
                  [de um ciclista
Trauteando um samba de Antônio Maria. Deveria haver
Um silêncio pungente cortado apenas
Por um canto de cigarra bruscamente interrompido
E o ruído de um ônibus varando como um desvairado
              [uma preferencial vizinha.
Deveria súbito
Fazer-se ouvir num apartamento térreo próximo
Uma fresca descarga de latrina abrindo um frio vórtice
        [na espessura irremediável do mormaço
Enquanto ao longe
O vulto de uma banhista (que tristeza sem fim voltar da praia!)
Atravessaria lentamente a rua arrastando um guarda-sol
                 [vermelho.
Ah, que vontade de chorar me subiria!
Que vontade de morrer, de me diluir em lágrimas
Entre uns seios suados de mulher! Que vontade

De ser menino, em vão, me subiria
Numa praia luminosa e sem fim, a buscar o não sei quê
Da infância, que faz correr correr correr...
Deveria haver também um rato morto na sarjeta, um odor
[de bogaris
E um cheiro de peixe fritando. Deveria
Haver muito calor, que uma sub-reptícia
Brisa viria suavizar fazendo festa na axila.
Deveria haver em mim um vago desejo de mulher e ao
[mesmo tempo
De espaciar-me. Relógios deveriam bater
Alternadamente como bons relógios nunca certos.
Eu poderia estar voltando de, ou indo para: não teria
[a menor importância.
O importante seria saber que eu estava presente
A um momento sem história, defendido embora
Por muros, casas e ruas (e sons, especialmente
Esses que fizeram dizer a um locutor novato, numa homenagem
[póstuma: "Acabaram de ouvir um minuto de silêncio...")
Capazes de testemunhar por mim em minha imensa
E inútil poesia.
Eu deveria estar sem saber bem para onde ir: se para a casa
[materna
E seus encantados recantos, ou se para o apartamento do
[meu velho Braga
De onde me poria a telefonar, à Amiga e às amigas
A convocá-las para virem beber conosco, virem todas
Beber e conversar conosco e passear diante de nossos olhos
[gastos
A graça e nostalgia com que povoam a nossa infinita solidão.

GENEBRA EM DEZEMBRO

Campos de neve e píncaros distantes
    Sinos que morrem
Asas brancas em frios céus distantes
    Águas que correm.

Canais como caminhos prisioneiros
    Em busca de saída
Para os mares, os grandes, traiçoeiros
    Mares da vida.

Cisnes em bando interrogando as águas
    Do Ródano, cativas
Ruas sem perspectivas e sem mágoas
    Fachadas pensativas.

Chuva fina tangendo namorados
    Sem amanhã
Transitando transidos e apressados
    Pont du Mont Blanc.

Relógios pontuais batendo horas
    Aqui, ali, adiante
Vida sem tempo pela vida afora
    Tédio constante.

Tédio bom, tédio conselheiro, tédio
    Da vida que não é
E para a qual há sempre bom remédio
    Do bar do "Rabelais".

Genebra, 1954

O OPERÁRIO EM CONSTRUÇÃO

*E o Diabo, levando-o a um alto monte, mostrou-lhe
num momento de tempo todos os reinos do mundo.
E disse-lhe o Diabo:*

*— Dar-te-ei todo este poder e a sua glória, porque
a mim me foi entregue e dou-o a quem
quero; portanto, se tu me adorares, tudo será teu.
E Jesus, respondendo, disse-lhe:*

*— Vai-te, Satanás; porque está escrito: adorarás
o Senhor teu Deus e só a Ele servirás.*
Lucas, 4, 5-8

Era ele que erguia casas
Onde antes só havia chão.
Como um pássaro sem asas
Ele subia com as casas
Que lhe brotavam da mão.
Mas tudo desconhecia
De sua grande missão:
Não sabia, por exemplo
Que a casa de um homem é um templo
Um templo sem religião
Como tampouco sabia
Que a casa que ele fazia
Sendo a sua liberdade
Era a sua escravidão.

De fato, como podia
Um operário em construção
Compreender por que um tijolo

Valia mais do que um pão?
Tijolos ele empilhava
Com pá, cimento e esquadria
Quanto ao pão, ele o comia...
Mas fosse comer tijolo!
E assim o operário ia
Com suor e com cimento
Erguendo uma casa aqui
Adiante um apartamento
Além uma igreja, à frente
Um quartel e uma prisão:
Prisão de que sofreria
Não fosse, eventualmente
Um operário em construção.

Mas ele desconhecia
Esse fato extraordinário:
Que o operário faz a coisa
E a coisa faz o operário.
De forma que, certo dia
À mesa, ao cortar o pão
O operário foi tomado
De uma súbita emoção
Ao constatar assombrado
Que tudo naquela mesa
— Garrafa, prato, facão —
Era ele quem os fazia
Ele, um humilde operário
Um operário em construção.
Olhou em torno: gamela

Banco, enxerga, caldeirão
Vidro, parede, janela
Casa, cidade, nação!
Tudo, tudo o que existia
Era ele quem o fazia
Ele, um humilde operário
Um operário que sabia
Exercer a profissão.

Ah, homens de pensamento
Não sabereis nunca o quanto
Aquele humilde operário
Soube naquele momento!
Naquela casa vazia
Que ele mesmo levantara
Um mundo novo nascia
De que sequer suspeitava.
O operário emocionado
Olhou sua própria mão
Sua rude mão de operário
De operário em construção
E olhando bem para ela
Teve um segundo a impressão
De que não havia no mundo
Coisa que fosse mais bela.

Foi dentro da compreensão
Desse instante solitário
Que, tal sua construção
Cresceu também o operário.

Cresceu em alto e profundo
Em largo e no coração
E como tudo que cresce
Ele não cresceu em vão
Pois além do que sabia
— Exercer a profissão —
O operário adquiriu
Uma nova dimensão:
A dimensão da poesia.

E um fato novo se viu
Que a todos admirava:
O que o operário dizia
Outro operário escutava.
E foi assim que o operário
Do edifício em construção
Que sempre dizia *sim*
Começou a dizer *não*.
E aprendeu a notar coisas
A que não dava atenção:
Notou que sua marmita
Era o prato do patrão
Que sua cerveja preta
Era o uísque do patrão
Que seu macacão de zuarte
Era o terno do patrão
Que o casebre onde morava
Era a mansão do patrão
Que seus dois pés andarilhos
Eram as rodas do patrão

Que a dureza do seu dia
Era a noite do patrão
Que sua imensa fadiga
Era amiga do patrão.

E o operário disse: Não!
E o operário fez-se forte
Na sua resolução.

Como era de se esperar
As bocas da delação
Começaram a dizer coisas
Aos ouvidos do patrão.
Mas o patrão não queria
Nenhuma preocupação
— "Convençam-no" do contrário —
Disse ele sobre o operário
E ao dizer isso sorria.

Dia seguinte, o operário
Ao sair da construção
Viu-se súbito cercado
Dos homens da delação
E sofreu, por destinado
Sua primeira agressão.
Teve seu rosto cuspido
Teve seu braço quebrado
Mas quando foi perguntado
O operário disse: Não!

Em vão sofrera o operário
Sua primeira agressão
Muitas outras se seguiram
Muitas outras seguirão.
Porém, por imprescindível
Ao edifício em construção
Seu trabalho prosseguia
E todo o seu sofrimento
Misturava-se ao cimento
Da construção que crescia.

Sentindo que a violência
Não dobraria o operário
Um dia tentou o patrão
Dobrá-lo de modo vário.
De sorte que o foi levando
Ao alto da construção
E num momento de tempo
Mostrou-lhe toda a região
E apontando-a ao operário
Fez-lhe esta declaração:
— Dar-te-ei todo esse poder
E a sua satisfação
Porque a mim me foi entregue
E dou-o a quem bem quiser.
Dou-te tempo de lazer
Dou-te tempo de mulher.
Portanto, tudo o que vês
Será teu se me adorares

E, ainda mais, se abandonares
O que te faz dizer *não.*

Disse, e fitou o operário
Que olhava e que refletia
Mas o que via o operário
O patrão nunca veria.
O operário via as casas
E dentro das estruturas
Via coisas, objetos
Produtos, manufaturas.
Via tudo o que fazia
O lucro do seu patrão
E em cada coisa que via
Misteriosamente havia
A marca de sua mão.
E o operário disse: Não!

— Loucura! — gritou o patrão
Não vês o que te dou eu?
— Mentira! — disse o operário
Não podes dar-me o que é meu.

E um grande silêncio fez-se
Dentro do seu coração
Um silêncio de martírios
Um silêncio de prisão.
Um silêncio povoado
De pedidos de perdão
Um silêncio apavorado

Com o medo em solidão.
Um silêncio de torturas
E gritos de maldição
Um silêncio de fraturas
A se arrastarem no chão.
E o operário ouviu a voz
De todos os seus irmãos
Os seus irmãos que morreram
Por outros que viverão.
Uma esperança sincera
Cresceu no seu coração
E dentro da tarde mansa
Agigantou-se a razão
De um homem pobre e esquecido
Razão porém que fizera
Em operário construído
O operário em construção.

POSFÁCIO

UM CLARO NA TREVA
IVAN MARQUES[*]

Coisa rara entre poetas, ao menos no Brasil, Vinicius de Moraes batizou este livro originalmente publicado em 1959 com o mesmo nome dado a uma coletânea anterior (*Novos poemas*, de 1938). Acrescentou apenas, em algarismos romanos, o número esclarecedor da sequência — o que, para o leitor de hoje, talvez faça lembrar o recurso apelativo e matreiro que se banalizou entre os grandes produtores da indústria cinematográfica. Seria uma brincadeira irônica do autor — sempre tão consciente da "inutilidade" da poesia, que considerava uma "filha pobre na família das artes" — em torno do seu poder diminuto de atrair o público? Ou quem sabe um modo de reafirmar, a exemplo do lirismo espiritualista que foi seu berço como poeta, a desimportância dos títulos e até dos próprios poemas, vistos somente como depoimento e manifestação da experiência eternamente única chamada poesia? Mais de vinte anos depois, a decisão de repetir o título indicaria uma retomada, uma continuação, um desdobramento do volume anterior?

O primeiro *Novos poemas* é um dos principais livros de Vinicius de Moraes, um divisor de águas em sua carreira, com o qual, segundo o juízo de Mário de Andrade, ele firmou seu lugar entre os grandes poetas do Brasil contemporâneo. Em cumprimento ao título, os poemas traziam de fato uma novidade: a transformação do idealismo e do misticismo, característicos da primeira fase do poeta, num movimento contrário que ele mesmo interpretaria como "aproximação do mundo material". Naquele momento resolvia abandonar (não totalmente, claro) o reino do sublime, das abstrações — e

[*] Ivan Marques é professor de literatura brasileira na Faculdade de Filosofia, Letras e Ciências Humanas da Universidade de São Paulo (FFLCH-USP).

também os versos longos, transbordantes, bíblicos, que dariam lugar a formas mais precisas e disciplinadas.

Nas palavras de Manuel Bandeira, que teve influência decisiva nessa reviravolta, Vinicius, "como certos santos, distribuiu todas as suas roupas entre os pobres e saiu nu de casa". Convertia-se agora em "poeta menor" (expressão com que Bandeira definiu a si próprio) e, mais tarde, seria mesmo chamado de "poetinha", apelido que não é pejorativo, mas enobrecedor, se levarmos em conta a tradição de grandes poetas que se formou no século XX no Brasil, quase todos poetas menores, isto é, entregues ao cotidiano e cultores da simplicidade, sem prejuízo da sofisticação. Ao dessacralizar sua linguagem, descendo ao concreto e tornando-se, no dizer de um crítico, o "maior poeta popular do modernismo", o nosso poetinha conquistou seu lugar definitivo, sua altura mais elevada.

Na década de 1950, como se sabe, ocorre um novo salto na trajetória de Vinicius de Moraes. Depois de publicar outras obras importantes, como *Cinco elegias* (1943) e *Poemas, sonetos e baladas* (1946), que considerava seu melhor livro, o artista do verso, em mais um gesto de desmistificação da poesia — na verdade muito natural e coerente com sua experiência —, volta-se para a música popular. Para os que ainda sonhavam com a poesia transcendental, postada entre as nuvens, no meio das alturas, trata-se de um novo empobrecimento.

Em 1956, dois anos depois de organizar e publicar sua *Antologia poética* — na qual se podia contemplar por inteiro um poeta maduro, consciente dos caminhos e possibilidades de sua obra lírica —, estreia no Teatro Municipal do Rio de Janeiro o espetáculo *Orfeu da Conceição*, com texto de Vinicius de Moraes e música de Tom Jobim. Em 1958, a parceria se repete no disco *Canção do amor demais*, gravado por Elizete Cardoso, marco inaugural do movimento da Bossa Nova. Saindo no finalzinho da década — no mesmo ano em que o filme *Orfeu negro*, baseado na peça de Vinicius, ganhava o Oscar e, em Cannes, a Palma de Ouro —, será que o livro

Novos poemas (*II*) indicaria um segundo ponto de inflexão, outra novidade em sua carreira, dividindo-a mais uma vez em fases distintas?

Composta de elegias, sonetos e baladas, versando o mais das vezes sobre o amor e a morte, temas habituais do poeta, com a força lírica e a destreza rítmica que o haviam consagrado, a coletânea de 1959 parece não conter grandes inovações. A entrada mais decisiva na poesia social e participante, ocorrida nos versos de "O operário em construção" — a composição mais longa, que encerra o volume —, não chega a constituir uma expansão temática, pois também ela é um desdobramento natural de experiências anteriores, como os poemas sobre a guerra, a pátria, a pobreza e assuntos menores do cotidiano. É possível então que o livro tenha sido intitulado *Novos poemas* (*II*) sobretudo por ser uma confirmação da coletânea de 1938, além de funcionar como comentário discreto a respeito do novo rebaixamento a que o poeta agora desejava se submeter. Se o primeiro título indica a importante transição da poesia do plano do sublime para o plano do real, o segundo parece uma alusão à transição vivida pelo próprio poeta, que resolvera assumir outras funções — compositor popular e cronista de jornal —, tornando-se por meio delas ainda mais humilde e comunicativo.

Das dezessete composições reunidas em *Novos poemas* (*II*), um terço gira em torno da morte. O tema aparece logo na abertura do livro, com o eu lírico imaginando seu próprio enterro e a solidão pesadelar dessa "hora íntima", o que parece indicar de saída a centralidade dessa questão e a intensidade com que ela era vivida pelo poeta — algo tão íntimo quanto o próprio amor. Na verdade, a morte para Vinicius de Moraes não era apenas um tema, mas uma espécie de musa.

Além de imaginar a própria morte, o poeta medita sobre o desaparecimento de pessoas próximas, como o escritor Graciliano Ramos, falecido em 1953, em cuja máscara mortuária vislumbra os traços de sua paixão pela vida e da "severa afirmação da luta". O mesmo exercício é feito nos versos de "O poeta Hart Crane suicida-se no mar", no qual tenta imaginar a "hora íntima" de outro indivíduo. Assim como o poema inicial, este se constrói à base de perguntas, cuja reiteração evidencia a falta de respostas e exprime o vazio — o corte da comunicação — promovido pela morte. No primeiro caso, a indiferença é dos vivos; no segundo, vem do próprio morto. "Muito esnobes ficam os mortos", afirmará o poeta na crônica "Suave amiga", publicada no livro *Para uma menina com uma flor*. No entanto, à frieza e à imobilidade de Hart Crane opõe-se o poderoso contraste do "mar boquiaberto", das águas em movimento, da vida em estado de pureza e máxima agitação. Ao atirar-se no mar, o jovem poeta americano cumpria um desejo confessado por Vinicius de Moraes, o de morrer afogado, transformando-se em *fish food*, ou seja, negando a morte pela incorporação ao dinamismo vital.

No poema dedicado a Graciliano Ramos, a máscara mortuária é qualificada com o adjetivo "paterna". Vinicius de Moraes havia perdido o pai, seu primeiro mestre de poesia, em 1950. Na belíssima "Balada negra" — em que o eu lírico se recorda de um episódio da infância, uma viagem feita com o pai, em plena treva, montados ambos no mesmo cavalo negro —, a lembrança paterna associa-se não à morte, mas ao nascimento da madrugada, "revelando coisas mágicas". Nos versos finais, arma-se mais uma vez a negação da morte, em contraposição à noite escura e ao silêncio das indagações sem resposta:

> Hoje sem medo da treva
> Sem medo de não me achar
> Hoje que morto meu pai
> Não tenho em quem me apoiar
> Ah, quantas vezes com ele
> Vou ao túmulo deitar
> E ficamos cara a cara
> Na mais doce intimidade

Certos que a morte não leva:
Certos de que toda treva
Tem a sua madrugada.

Apesar da obsessão pela morte, não só de pessoas próximas, mas também das anônimas — "[...] Ah, muitas mortes/ morri [...]", diz o poeta em "Copacabana" —, os poemas vinicianos parecem ter mesmo a função de desfazer sombras, abrir "um claro na treva". Daí a prática constante da lírica amorosa, de que o poeta se tornou um dos mestres em nossa língua. As composições sobre o amor e a mulher amada, que correspondem igualmente a um terço da coletânea de 1959, são um dos modos de introduzir, entre as elegias por vezes tão soturnas, a repentina "luz da realidade". É o que faz um poema como "A brusca poesia da mulher amada (II)", que retoma outro de mesmo título, publicado duas décadas antes em *Novos poemas*. Se no primeiro poema a mulher ainda surge como presença etérea e impalpável, no segundo essa "forma inexistente" será preenchida por mil e uma tentativas de definição, todas cabíveis porque ela é vista, afinal de contas, como princípio e fim de todas as coisas — não apenas a "coisa mais linda", como diria a famosa canção de 1962, mas a própria coisa em si, que nem carece mais de atributos, conforme podemos ver na reiteração "A mulher amada é a mulher amada é a mulher amada".

Nesse conjunto de poemas, destaca-se novamente a presença forte do mar, para onde convergem todas as pulsões do eu lírico. Em "O mergulhador", a mulher se expande como o mar — em cujas águas é doce naufragar, segundo o verso de Leopardi utilizado como epígrafe. O desejo "de muito mar, de muito amor" reaparece em outros poemas, como o mencionado "Hora íntima" e o "Soneto do amor total", numa fórmula que resume a suprema realização: "morrer de amar". A busca dessa totalidade em que se misturam a vida e a morte, a eternidade e o instante, constitui um motivo central. Essa ânsia de abranger todas as coisas serve de fundamento para o poema "Receita de mulher", no qual se considera "absolutamente preciso" que a mulher reúna em si tudo de belo, corpo e espírito, isto é, que seja "uma nuvem com olhos e nádegas" e, ao mesmo tempo, "alguma coisa além da carne".

Não apenas no mar, mas também na terra, o olho do poeta se deixa inebriar pela imensidão das paisagens, pelo "vale infinito/a estender-se múltiplo", conforme lemos em "Pôr do sol em Itatiaia". Tal ímpeto de totalização movimenta ainda o próprio fazer poético de Vinicius de Moraes, que se caracteriza pela abundância e variedade das formas, pela conjugação de traços díspares — de um lado, a espiritualidade, a métrica, o cultivo da tradição lírica; do outro, o coloquial modernista, a libertinagem, a paixão pelo real.

O Rio de Janeiro, cidade de que chegou a escrever um "roteiro lírico e sentimental" e com a qual sua imagem acabou se confundindo, é para Vinicius, por excelência, o lócus de seu anseio totalizador. No poema dedicado a Copacabana, ele faz o inventário de suas memórias pessoais. "Ali estou eu", repete várias vezes. Na areia da praia, reencontramos o "ser disperso" do poeta que desejou ser tudo:

> [...] Ali fui mártir
> Fui réprobo, fui bárbaro, fui santo
> Aqui encontrarás minhas pegadas
> E pedaços de mim por cada canto.

Em *Novos poemas (II)*, aparecem ainda paisagens estrangeiras, mas, ao pintá-las, o poeta não disfarça a melancolia, como se sua paleta perdesse todas as cores. A cidade que representa nos versos de "Genebra em dezembro" é feita de insuportável brancura ("campos de neve", "cisnes em bando", "frios céus distantes") e também de imobilidade, ausência de tempo, "tédio constante", "caminhos prisioneiros" que são contrapostos aos "grandes, traiçoeiros/mares da vida". No

"Poema de Auteil", o passeio pela rua estrangeira desperta a saudade da terra natal — uma canção do exílio similar ao célebre poema "Pátria minha", impresso em 1949 em Barcelona por João Cabral de Melo Neto. Não se trata de "nenhum verde-amarelismo", adverte o poeta, e sim de um desejo de pertencimento e presença, do amor à terra onde cresceu, às suas raízes. Estas estavam plantadas nas praias do Rio de Janeiro:

Tu, Copacabana
Mais que nenhuma outra foste a arena
Onde o poeta lutou contra o invisível
E onde encontrou enfim sua poesia
Talvez pequena, mas suficiente
Para justificar uma existência
Que sem ela seria incompreensível.

O movimento em direção à pátria "tão pobrinha", descrita no poema de 1949 como "sem sapatos", reitera, portanto, o caminho do invisível ao concreto, do sublime ao pequeno, que havia resultado na fisionomia definitiva da obra de Vinicius de Moraes. A pátria não está apenas na alegria da bossa e do Carnaval. Descalça e inspiradora como São Francisco, que aparecerá mais tarde em *A arca de Noé*, ela é reencontrada no cotidiano da "gente humilde", sobre a qual o poeta apresenta belas crônicas em *Novos poemas (II)*. Na "Balada das duas mocinhas de Botafogo", pobres meninas de "sonhos idos" se atiram embaixo do bonde, encerrando uma "vida torva e mesquinha". Já o poema "Menino morto pelas ladeiras de Ouro Preto", em vez da contemplação de sobrados, altares, azulejos e balaustradas, no lugar de Tiradentes, Marília e Aleijadinho, traz a visão comovida de um enterro paupérrimo: "Que miséria a tua, menino morto/Que pobrinhos os garotos que te acompanham/empunhando flores do mato pelas ladeiras de Ouro Preto...".
O avesso da grandeza ou, em outras palavras, a elevação do pequeno é o que busca Vinicius de Moraes por meio de

inversões que trazem ao proscênio, para além e aquém da beleza que continua sendo fundamental, a feiura em que se haviam convertido tantos sonhos, tantas vidas humildes. No caso do Rio de Janeiro, como já foi observado várias vezes, seus poemas e crônicas darão testemunho não apenas do verde-azul e da onda do mar, mas ainda de outros cenários compostos de fome, sujeira e lama. As prostitutas do Mangue, as lavadeiras cariocas, os favelados de pele negra, todos serão cantados por ele em verso e prosa. E também os homens escurecidos pela poeira que trabalham na construção civil, aos quais Vinicius de Moraes dedica "O operário em construção", um dos marcos da lírica participante no Brasil.

"Era ele que erguia casas/onde antes só havia chão", diz o poeta na abertura da maior e mais importante composição do volume *Novos poemas (II)*. Publicado originalmente em 1956, no quinzenário *Para Todos*, o poema é contemporâneo do clássico *Morte e vida severina*, de João Cabral de Melo Neto, com o qual tem afinidades temáticas e formais — não só a focalização do trabalhador humilde, mas também a intenção didática, as raízes bíblicas e populares, o caráter ao mesmo tempo narrativo e dramático. Na mesma época, Carlos Drummond de Andrade escrevia crônicas sobre a demolição do passado e a multiplicação dos edifícios no Rio de Janeiro, inclusive com o sacrifício de vidas humanas, textos que seriam reunidos em *Fala, amendoeira*.

Três anos antes, o próprio Vinicius de Moraes já havia tratado do assunto na crônica "Operários em construção", que faz parte do livro *Para uma menina com uma flor*. O texto em prosa e a composição poética trazem praticamente o mesmo título, apenas com a significativa transformação do primeiro substantivo, a figura do operário passando do plural indefinido para a forma individualizada, o que indica claramente aproximação e aprofundamento. No poema, com efeito, o olhar se torna bem mais agudo. Não se trata de um mero elogio paternalista ao cumprimento do dever e ao trabalho produtivo que, em contraste com a "inútil poesia", tantos benefícios traz para a sociedade. Enquanto a crônica se diverte com o lazer dos operários — seus cantos, conversas e travessuras —, o poema se preocupa com a exposição da luta de classes, apresentando o ponto de vista do operário no momento em que acontece a perda de sua alienação.

"Quem construiu a Tebas de sete portas?", pergunta Bertolt Brecht num famoso poema da década de 1930 intitulado "Perguntas de um trabalhador que lê", que procura reler a história do ponto de vista dos vencidos e excluídos. As mesmas questões são revolvidas em "O operário em construção", cujo protagonista, não à custa de leituras, mas pela descoberta de uma nova dimensão ("a dimensão da poesia"), se dá conta das belezas fabricadas por suas mãos, percebe a injustiça à qual estava submetido e aprende a dizer não. É como epifania — um claro na treva similar ao que produz a experiência poética no meio do cotidiano banal — que ocorre o despertar da consciência política. O poema trata, portanto, de duas construções paralelas: a edificação do prédio e a do próprio operário, que também cresce e se transforma, graças ao conhecimento trazido pela poesia. No plano da linguagem, procedimentos como a enumeração e a repetição reforçam as ideias de construção e movimento, ao passo que as antíteses e os paralelismos concorrem para espicaçar o conflito. Mais que o operário, é o poeta que parece descobrir subitamente a exploração e a desigualdade social.

O poema revela uma atenção miúda às coisas, à transformação das matérias, aos procedimentos de montagem que caracterizam tanto o trabalho dos operários quanto o dos poetas:

O operário via as casas
E dentro das estruturas
Via coisas, objetos
Produtos, manufaturas.

Valorizada por seu aspecto material e por sua racionalidade, a arquitetura já vinha servindo de modelo para a poesia brasileira desde 1945, quando João Cabral de Melo Neto, recusando as imagens oníricas e noturnas, publicou *O engenheiro*. A obra de Vinicius de Moraes igualmente constitui um manifesto em favor da disciplina e do artesanato poético, mas nela o trânsito entre construção literária e construção civil atende ainda a outras preocupações. Ao desviar seus olhos da máquina de escrever e do "abstrato da paisagem urbana" para observar o trabalho dos operários no edifício próximo (situação inicial descrita na crônica de 1953), o poeta construtivo termina por enxergar também a miséria daqueles "homens cor de cimento", reafirmando a necessidade de pertencer a seu tempo, e não à eternidade, ao mundo invisível.

"Meu tempo é quando", afirma Vinicius de Moraes na conclusão do soneto "Poética", incluído em sua antologia de 1954. Em "Poética (ii)", publicado em *Para viver um grande amor* (1962), sua obra lírica é comparada a uma casa ("Entrai, irmãos meus"), cujos alicerces são o próprio tempo:

Com as lágrimas do tempo
E a cal do meu dia
Eu fiz o cimento
Da minha poesia.

Mais tarde, dirigindo-se ao público infantil nos versos famosos de *A arca de Noé*, fará questão de lembrar que uma casa, para ser razoável e não só "muito engraçada", precisa ter teto, chão e paredes. De modo análogo, a poesia deveria ter como matéria "a vida, e só a vida, com tudo o que ela tem de sórdido e sublime", como afirma na crônica "Sobre poesia", também inserida na coletânea *Para viver um grande amor*, na qual mais uma vez se dá a comparação entre o poeta e o operário. Do contrário, o poeta acabaria sendo apenas um "lucubrador de versos", ainda que sua obra fosse feita "com muito esmero".

Fazendo-se poeta, o protagonista de "O operário em construção" adquire o senso das contradições, tornando-se, como a poesia, um elemento perturbador da ordem. Em direção contrária, trocando tijolos por palavras, o poeta se reconhece também na posição do operário, fabricante de coisas belas, obreiro do mundo. No encerramento de *Novos poemas (II)*, ocorre, portanto, não apenas o despertar do trabalhador braçal, mas o do próprio poeta. "Meu tempo é quando" — a exemplo do seu operário, Vinicius de Moraes via a si mesmo como um indivíduo trabalhando, desenvolvendo-se, ampliando-se. Um poeta em construção.

ARQUIVO

DO VERSO SOLITÁRIO AO CANTO COLETIVO*
EDUARDO PORTELLA

Vinicius de Moraes se fez poeta através de esforçado relacionamento crítico com os valores do modernismo. Esse diálogo significou predominantemente um pacto solidário, um compromisso de pesquisa e de prolongamento. Mas importou também numa perigosa reação à "inconsequência" modernista. Porque o primeiro Vinicius, assistido por um transcendentalismo que já vinha do grupo Festa, e animado pela companhia de Augusto Frederico Schmidt ou Otávio de Faria, mostrava-se refratário ao acervo temático dos homens de "22" e, mais do que isso, repelia o que parecia ser um anarquismo formal.

O aparecimento de Vinicius ocorre na década de 30. É um escritor-ponte entre o modernismo que se consolidara e aquela geração nostálgica, que em 45 empreenderia uma longa viagem de volta. No instante daquele aparecimento, a poesia brasileira, Bandeira, Drummond, estavam de todo entregues à elaboração de uma linguagem poética fundada no coloquial, mais na *parole* que na *langue*. Schmidt reintroduzia no mercado poético amplo estoque de transbordante sentimentalismo. As técnicas de reprodução, a avalancha da sociedade industrial, ainda não atingiram o território misterioso da *aura*. O poeta era um explorador da aura. E Vinicius emergiu dentro dessa atmosfera contraditória. *O caminho para a distância, Forma e exegese, Ariana, a mulher* são livros que se ressentem dessa visão idealista do mundo, trabalhados que estão pelo "sentimento do sublime". Diga-se em abono de Vinicius que aquele neorromantismo schmidtiano foi apenas um impulso inicial; ele substituiria logo a indumentária mo-

---

* Publicado em *Poesia completa e prosa*, de Vinicius de Morais, org. Eucanaã Ferraz, Rio de Janeiro: Nova Aguilar, 2004.

nárquica, aquela oratória fluente mas enganosa, por uma armação mais própria da estrutura poemática.

É verdade que essa contradição genética acompanha a poesia de Vinicius pela vida afora. Essa fratura, esse dilaceramento, é o seu modo próprio de ser poeta. Por isso ele encarna a transição: é o último grande "literato" da poesia brasileira e o primeiro grande cantor de uma sociedade de massas. Como literato é responsável por uma das mais sólidas construções líricas da nossa poesia, embora possamos incriminá-lo por ter sido a estação central de "45", na medida em que foi o restaurador implacável das formas poemáticas exoneradas pela nova ordem de "22". Como compositor redimensiona a música popular brasileira, faz-se um dos seus fundadores. Popularizou-se. Poderíamos até dizer dele o que David Daiches disse de um parente próximo do nosso poeta, Dylan Thomas: "Um dos poucos exemplos, em nosso tempo, de poesia declamada que é tão boa quanto popular".[1]

É impossível hoje falar-se da sua poesia fora desse desdobramento.

Mas Vinicius de Moraes vem sendo estudado dentro dos quadros teóricos implantados pelo modernismo. Dentro desses padrões críticos que hoje vivem um prolongado crepúsculo. De maneira que se torna urgente uma revisão de Vinicius através de uma leitura não modernista. Que não será mais a aceitação passiva do doutrinário andradiano, nem tampouco a celebração da sua recusa aos excessos de "22", que autorizou a "geração de 45" a promover um dos maiores trabalhos de diluição de um poeta, que foi o dela diante dele. Não. Não é aí que se encontra a força inventiva de Vinicius. Ela vem antes da tensão constitutiva que se processa no interior da sua linguagem, e que explica a sua diversidade, o seu pluralismo existencial, onde a tendência à abstração convive com a necessidade da objetivação.

---

1 David Daiches, *Literary Essays*, Edimburgo/Londres: Oliver and Boy, 1956.

Seria difícil — e não sei se útil — promover uma catalogação rigorosa de Vinicius de Moraes. Dele e, num outro sentido, de João Cabral de Melo Neto: são escritores que *se desclassificaram*. Ser histórico não é ser só presente. Ser histórico é ter o tempo equilibrado na sua estrutura unitária, é ser simultaneamente futuro, presente e passado. Não é sem razão que o coloquial modernista de Vinicius se vê frequentemente cortado pela busca de uma linguagem literária em consonância com a semiologia poética tradicional. Aquelas formas cristalizadas no quinhentismo, e que ficaram habitualmente comprometidas com o vocabulário quinhentista, são componentes ativos dessa dramática dialética do tempo. É precisamente nos sonetos amorosos, de nítida impostação camoniana, que o poeta atinge a nervosa polaridade entre a linguagem atual e a pretérita. E a unidade, a nuclearização energética, se efetiva porque a organização formal passadista vai expressar uma vivência atual, predominantemente erótica, e recebe desse centro vitalizador a necessária eficácia. O que é tanto mais exato quando sabemos que, "na medida em que a obra de arte é um signo do objeto, e não uma reprodução literal, ela manifesta alguma coisa que não era dada à percepção que nós temos do objeto, e que é sua estrutura, porque o caráter particular da linguagem da arte indica a existência sempre de uma homologia bem profunda entre a estrutura do significado e a estrutura do significante".[2]

Essa tensão de significado e significante é fator de atualização do idioma viniciano que, à maneira de certos filmes de Jean Cocteau, *La Belle et la Bête*, por exemplo, ou seguindo a psicologia do baile de máscaras, é arcaico em todas as suas exteriorizações, renovando-se porém na estruturação inventiva do signo.

Vinicius de Moraes é um poeta fundamentalmente dramático. Explica-se essa sua adesão aos contrários, esse cultivo

---

2 Palavras de Claude Lévi-Strauss a Georges Charbonnier, em *Entretiens avec Cl. Lévi-Strauss*, Paris, Juliard, 1951.

das oposições. O poeta dramático, pela circunstância mesma de que aposta tudo no jogo das emoções, é mais o intérprete dos conflitos que das coisas. Vinicius não está interessado numa representação intelectiva do mundo mas numa participação nos acontecimentos. É um poeta de biografias mais que de ideias. Mas essa delimitação operacional tem algum sentido fenomenológico? O certo é que ele se prende mais à linha bandeiriana e daí a importância que confere aos verbos — o dinamismo expressivo do verbo —, os verbos como esteios do poema. A "Balada do Mangue" identifica bem essa utilização do verbo como agente obstinado de emoção: perspectiva mediante a qual Vinicius vê o mundo e constrói a sua poesia. O poeta dramático, o poeta erótico, encontra no verbo o suporte conveniente à elaboração emocional, que é sem dúvida o dado energético que o conduz à ação e o salva do academismo.

Já podemos compreender por que Vinicius fez poesia amorosa sem trair o modernismo e sem cair no discurso de praça pública. Esse promotor da autoconfissão não é um petrarquiano. O seu entendimento dessacralizado do amor afasta-o do *amor cortês*, medieval, escolástico, para aproximá-lo do *amor amor*, romano, dos poetas romanos pré-cristãos. É o lirismo da posse e não da corte, já que a mulher emerge não como ser ideal mas como elemento provocador da experiência. Vinicius aceita as limitações do amor; não é um shakespeariano rebelado, não predomina nele o incontido protesto de *Antony and Cleopatra* ou *Troilus and Cressida*, daquele amor na sua dimensão fáustica. Porque sabe as limitações, advém a melancolia: resolvida, faça-se justiça, com a objetividade do herói moderno. Ele nos lembra os líricos romanos que registraram uma experiência carnal do amor, vista da sua tessitura emotiva. E assim o confessionalismo transcendental da primeira fase foi sendo substituído pela significação trágica do amor, quando o poeta optou por uma radical poetização da experiência erótica.

Aquele empenho de desmistificação da experiência, de dessacralização do fato amoroso, de derrubada da aura, teve necessariamente de efetivar-se no âmbito da linguagem. Então Vinicius começou por libertar-se das formas imóveis. E foi precisamente nos poemas não metrificados que se afastou completamente da linguagem arcaizante, por vezes, para tangenciar uma linguagem de crônica, como na "Mensagem a Rubem Braga", de crônica brasileira propriamente dita, e não mais aquele poema em prosa francês, tão fortemente usado desde Baudelaire, Rimbaud, até Breton, Char, Ponge, Saint--John Perse. Aí elimina ele uma distinção defeituosa entre prosa e poesia, entre realismo interno e externo. Compreende que, se a literatura é arte literária, o estatuto da poesia deve ser estendido aos demais gêneros. Com essa atitude, Vinicius prepararia o trabalho de "despoetização do poema", a nova palavra de ordem a ser implantada por João Cabral.

Vinicius teve no elemento musical o grande aliado dessa empresa. Nele as formas poemáticas estão organizadas fonologicamente. É fácil observar o encontro da armação expressional por intermédio da música e justifica-se, desde o início, a sua preferência por formas fixas das mais melódicas, como o soneto (diminutivo de som) e a balada, cujas vigências ele restaurou um dia. Daí a sua consciência da alta função da rima. Rima e métrica não são para ele exercícios formais, porém dados essencialmente musicais. Mesmo a parte visual se dissolve numa musicalidade que visa expressar diretamente o fluxo emotivo. Fenômeno idêntico ao que se passa com a imagística: as imagens não chegam a se esquematizar de modo preciso; são carregadas pela música, a música emocionada do "Soneto de despedida". O ingrediente sonoro, elemento significante, é peça ativa da estrutura poética de Vinicius, mas não podemos esquecer que "um sinal fônico de divisão contém em si também, ao mesmo tempo, um valor semântico".[3]

---

3 Roman Jakobson, *Fonema e fonologia*, seleção, tradução e notas, com um estudo sobre o autor, de J. Mattoso Câmara Jr., Rio de Janeiro, Acadêmica, 1967.

A linguagem é uma estrutura, relação mediada de imagem acústica e conceito.

Nós perguntaríamos agora: como se comportará esse poeta face ao desafio prospetivo que o cerca? A sorte da sua poesia dependerá inevitavelmente do encontro ou desencontro do homem moderno com a técnica. As teorias da comunicação instituídas pela nossa sociedade tecnológica recondicionaram a linguagem. E a *escritura branca* do poeta "é o último episódio de uma Paixão da escritura que segue passo a passo o desgarramento da consciência burguesa".[4]

Mas está no próprio Vinicius a resposta e o caminho, o itinerário grave do verso solitário ao canto coletivo, da "fuga" à "antifuga". Ele reorganizou a música popular brasileira "desafinando". Esse desafinar é todo um modo renovador de comportar-se diante do sistema de signos da linguagem. A crise da linguagem pede o desafinamento. Somente através da antipoesia é possível agora alcançar-se a poesia. Vinicius de Moraes já tem serviços prestados a essa causa.

---

4 Roland Barthes, *Le Degré zero de l'écriture*, Paris, Editions Gouthier [s.d.].

"DETESTO TUDO QUE OPRIME O HOMEM, INCLUSIVE A GRAVATA"*
ENTREVISTA A CLARICE LISPECTOR

CLARICE: Vinicius, acho que vamos conversar sobre mulheres, poesia e música. Sobre mulheres porque corre a fama de que você é um grande amante. Sobre poesia porque você é um dos nossos grandes poetas. Sobre música porque você é o nosso menestrel. Vinicius, você amou realmente alguém na vida? Telefonei para uma das mulheres com quem você casou, e ela disse que você ama tudo, a tudo você se dá inteiro: a crianças, a mulheres, a amizades. Então me veio a ideia de que você ama o amor, e nele inclui as mulheres.

Que eu amo o amor é verdade. Mas por esse amor eu compreendo a soma de todos os amores, ou seja, o amor de homem para mulher, de mulher para homem, o amor de mulher por mulher, o amor de homem para homem e o amor de ser humano pela comunidade de seus semelhantes. Eu amo esse amor, mas isso não quer dizer que eu não tenha amado as mulheres que tive. Tenho a impressão que, àquelas que amei realmente, me dei todo.

Acredito, Vinicius. Acredito mesmo. Embora eu também acredite que quando um homem e uma mulher se encontram num amor verdadeiro, a união é sempre renovada, pouco importam as brigas e os desentendimentos: duas pessoas nunca são permanentemente iguais e isso pode criar no mesmo par novos amores.

É claro, mas eu ainda acho que o amor que constrói para a eternidade é o amor-paixão, o mais precário, o mais perigoso, certamente o mais doloroso. Esse amor é o único que tem a dimensão do infinito.

---

* Entrevista concedida a Clarice Lispector, publicada originalmente na revista *Manchete*, na sessão "Diálogos possíveis com Clarice Lispector".

Você já amou desse modo?
Eu só tenho amado desse modo.

Você acaba um caso porque encontra outra mulher ou porque se cansa da primeira?
Na minha vida tem sido como se uma mulher me depositasse nos braços de outra. Isso talvez porque esse amor-paixão pela sua própria intensidade não tem condições de sobreviver. Isso acho que está expresso com felicidade no dístico final do meu soneto "Fidelidade": "que não seja imortal posto que é chama/ mas que seja infinito enquanto dure".

Você sabe que é um ídolo para a juventude? Será que agora que apareceu o Chico, as mocinhas trocaram de ídolo, as mocinhas e os mocinhos?
Acho que é diferente. A juventude procura em mim o pai amigo, que viveu e que tem uma experiência a transmitir. Chico não, é ídolo mesmo, trata-se de idolatria.

Você suporta ser ídolo? Eu não suportaria.
Às vezes fico mal-humorado. Mas uma dessas moças explicou: "É que você, Vinicius, vive nas estantes dos nossos livros, nas canções que todo mundo canta, na televisão. Você vive conosco, em nossa casa".

Qual é a artista de cinema que você amaria?
Marilyn Monroe. Foi um dos seres mais lindos que já nasceram. Se só existisse ela, já justificaria a existência dos Estados Unidos. Eu casaria com ela e certamente não daria certo porque é difícil amar uma mulher tão célebre. Só sou ciumento fisicamente, é o ciúme de bicho, não tenho outro.

Fale-me sobre sua música.
Não falo de mim como músico, mas como poeta. Não separo a poesia que está nos livros da que está nas canções.

Vinicius, você já se sentiu sozinho na vida? Já sentiu algum desamparo?

Acho que sou um homem bastante sozinho. Ou pelo menos eu tenho um sentimento muito agudo da solidão.

Isso explicaria o fato de você amar tanto, Vinicius.

O fato de querer me comunicar tanto.

Você sabe que admiro muito seus poemas, e, mais do que gostar, eu os amo. O que é a poesia para você?

Não sei, eu nunca escrevo poemas abstratos, talvez seja o modo de tornar a realidade mágica aos meus próprios olhos. De envolvê-la com esse tecido que dá uma dimensão mais profunda e consequentemente mais bela.

Reflita um pouco e me diga: qual é a coisa mais importante do mundo, Vinicius?

Para mim é a mulher, certamente.

Você quer falar sobre sua música? Estou esperando.

Dizem, na minha família, que eu cantei antes de falar. E havia uma cançãozinha que eu repetia e que tinha um leve tema de sons. Fui criado no mundo da música, minha mãe e minha avó tocavam piano, eu me lembro de como me machucavam aquelas valsas antigas. Meu pai também tocava violão, cresci ouvindo música. Depois a poesia fez o resto.

Fizemos uma pausa. Ele continuou:

Tenho tanta ternura pela sua mão queimada...

(Emocionei-me e entendi que este homem envolve uma mulher de carinho.) Vinicius disse, tomando um gole de uísque:

É curioso, a alegria não é um sentimento nem uma atmosfera de vida nada criadora. Eu só sei criar na dor e na tristeza, mesmo que as coisas que resultem sejam alegres. Não me considero uma pessoa negativa, quer dizer, eu não deprimo o ser humano. É por isso que acho que estou vivendo num momento de equilíbrio infecundo do qual estou tentando me libertar. O paradigma máximo para mim seria: a calma no seio da paixão. Mas realmente não sei se é um ideal humanamente atingível.

Como é que você se deu dentro da vida diplomática, você que é o antiformal por excelência, você que é livre por excelência?
Acontece que detesto tudo o que oprime o homem, inclusive a gravata. Ora, é notório que o diplomata é um homem que usa gravata. Dentro da diplomacia fiz bons amigos até hoje. Depois houve outro fato: as raízes e o sangue falaram mais alto. Acho muito difícil um homem que não volta ao seu quintal, para chegar ou pelo menos aproximar-se do conhecimento de si mesmo.

Como pessoa, Vinicius, o que é que desejaria alcançar?
Eu desejaria alcançar outra coisa. Isso de calma no seio da paixão. Mas desejaria alcançar uma tal capacidade de amar que me pudesse fazer útil aos meus semelhantes.

Quero lhe pedir um favor: faça um poema agora mesmo. Tenho certeza de que não será banal. Se você quiser, Menestrel, fale o seu poema.
Meu poema é em duas linhas: você escreve uma palavra em cima e outra embaixo porque é um verso.
É assim:

Clarice
Lispector

Acho lindo o teu nome, Clarice.

Você poderia me dizer quais as maiores emoções que já teve? Eu, por exemplo, tive tantas e tantas, boas e péssimas, que não ousaria falar delas.

Minhas maiores emoções foram ligadas ao amor. O nascimento de filhos, as primeiras posses e os últimos adeuses. Mesmo tendo duas experiências de quase morte — desastre de avião e de carro —, mesmo essa experiência de quase morte nem de longe se aproximou dessas emoções de que te falei.

Você se sente feliz? Essa, Vinicius, é uma pergunta idiota, mas que eu gostaria que você respondesse.
Se a felicidade existe, eu só sou feliz enquanto me queimo e quando a pessoa se queima não é feliz. A própria felicidade é dolorosa.

Meditamos um pouco, conversamos mais ainda. Vinicius saiu. Então telefonei para cada uma das esposas de Vinicius.
— Como é que você se sente casada com Vinicius?
Ela respondeu com aquela voz que é um murmúrio de pássaro:
Muito bem. Ele me dá muito. E mais importante do que isso, ele me ajuda a viver, a conhecer a vida, a gostar das pessoas.

Depois conversei com uma mocinha inteligente:
A música de Vinicius [*disse ela*] fala muito de amor e a gente se identifica sempre com ela.

Você teria um "caso" com ele?
Não, porque apesar de achar Vinicius amorável, eu amo um outro homem. E Vinicius me revela ainda mais que eu amo aquele homem. A música dele faz a gente gostar ainda mais do amor. E "de repente, não mais que de repente", ele se transforma em outro: e é o nosso poetinha como o chamamos.

Eis pois alguns segredos de uma figura humana grande e que vive a todo risco. Porque há grandeza em Vinicius de Moraes.

CRONOLOGIA

1913 Nasce Vinicius de Moraes, em 19 de outubro, no bairro da Gávea, Rio de Janeiro, filho de Lydia Cruz de Moraes e Clodoaldo Pereira da Silva Moraes.

1916 A família muda-se para Botafogo, e Vinicius passa a residir com os avós paternos.

1922 Seus pais e os irmãos transferem-se para a ilha do Governador, onde Vinicius constantemente passa suas férias.

1924 Inicia o curso secundário no Colégio Santo Inácio, em Botafogo.

1928 Compõe, com Haroldo e Paulo Tapajós, respectivamente, os foxes "Loura ou morena" e "Canção da noite", gravados pelos Irmãos Tapajós em 1932.

1929 Bacharela-se em letras, no Santo Inácio. Sua família muda-se para a casa contígua àquela onde nasceu o poeta, na rua Lopes Quintas.

1930 Entra para a Faculdade de Direito da rua do Catete.

1933 Forma-se em direito e termina o Curso de Oficial de Reserva. Estimulado por Otávio de Faria, publica seu primeiro livro, *O caminho para a distância,* na Schmidt Editora.

1935 Publica *Forma e exegese,* com o qual ganha o Prêmio Felipe d'Oliveira.

1936 Publica, em separata, o poema "Ariana, a mulher".

1938 Publica *Novos poemas.* É agraciado com a bolsa do Conselho Britânico para estudar língua e literatura inglesas na Universidade de Oxford (Magdalen College), para onde parte em agosto do mesmo ano. Trabalha como assistente do programa brasileiro da BBC.

1939 Casa-se, por procuração, com Beatriz Azevedo de Mello. Regressa da Inglaterra em fins do mesmo ano, devido à eclosão da Segunda Grande Guerra.

1940 Nasce sua primeira filha, Susana. Passa longa temporada em São Paulo.

1941 Começa a escrever críticas de cinema para o jornal *A Manhã* e colabora no "Suplemento Literário".

1942 Nasce seu filho, Pedro. Faz uma extensa viagem ao Nordeste do Brasil acompanhando o escritor americano Waldo Frank.

1943 Publica *Cinco elegias*. Ingressa, por concurso, na carreira diplomática.

1944 Dirige o "Suplemento Literário" d'*O Jornal*.

1946 Parte para Los Angeles, como vice-cônsul, em seu primeiro posto diplomático. Publica *Poemas, sonetos e baladas* (372 exemplares, com ilustrações de Carlos Leão).

1947 Estuda cinema com Orson Welles e Gregg Toland. Lança, com Alex Viany, a revista *Filme*.

1949 Publica *Pátria minha* (tiragem de cinquenta exemplares, em prensa manual, por João Cabral de Melo Neto, em Barcelona).

1950 Morre seu pai. Retorna ao Brasil.

1951 Casa-se com Lila Bôscoli. Colabora no jornal *Última Hora* como cronista diário e, posteriormente, como crítico de cinema.

1953 Nasce sua filha Georgiana. Colabora no tabloide semanário "Flan", de *Última Hora*. Edição francesa das *Cinq élégies*, nas edições Seghers. Escreve crônicas diárias para o jornal *A Vanguarda*. Segue para Paris como segundo-secretário da embaixada brasileira.

1954 Publica *Antologia poética*. A revista *Anhembi* edita sua peça *Orfeu da Conceição*, premiada no concurso de teatro do IV Centenário da cidade de São Paulo.

1955 Compõe, em Paris, uma série de canções de câmara com o maestro Claudio Santoro. Trabalha, para o produtor Sasha Gordine, no roteiro do filme *Orfeu negro*.

1956 Volta ao Brasil em gozo de licença-prêmio. Nasce

sua terceira filha, Luciana. Colabora no quinzenário *Para Todos*. Trabalha na produção do filme *Orfeu negro*. Conhece Antonio Carlos Jobim e convida-o para fazer a música de *Orfeu da Conceição*, musical que estreia no Teatro Municipal do Rio de Janeiro. Retorna, no fim do ano, a seu posto diplomático em Paris.

1957 É transferido da embaixada em Paris para a delegação do Brasil junto à Unesco. No fim do ano é removido para Montevidéu, regressando, em trânsito, ao Brasil. Publica *Livro de sonetos*.

1958 Parte para Montevidéu. Casa-se com Maria Lúcia Proença. Sai o LP *Canção do amor demais*, de Elizete Cardoso, com músicas suas em parceria com Tom Jobim.

1959 Publica *Novos poemas (II)*. *Orfeu negro* ganha a Palme d'Or do Festival de Cannes e o Oscar de Melhor Filme Estrangeiro.

1960 Retorna à Secretaria do Estado das Relações Exteriores. Segunda edição (revista e aumentada) de *Antologia poética*.

Edição popular da peça *Orfeu da Conceição*. É lançado *Recette de femme et autres poèmes*, tradução de Jean-Georges Rueff, pelas edições Seghers.

1961 Começa a compor com Carlos Lyra e Pixinguinha. É publicada *Orfeu negro*, com tradução italiana de P. A. Jannini, pela Nuova Academia Editrice.

1962 Começa a compor com Baden Powell. Compõe, com Carlos Lyra, as canções do musical *Pobre menina rica*. Em agosto, faz show com Tom Jobim e João Gilberto na boate Au Bon Gourmet. Na mesma boate, apresenta o espetáculo *Pobre menina rica*, com Carlos Lyra e Nara Leão. Compõe com Ari Barroso. Publica *Para viver um grande amor*, livro de crônicas e poemas. Grava, como cantor, disco com a atriz e cantora Odete Lara.

1963 Começa a compor com Edu Lobo. Casa-se com Nelita Abreu Rocha e parte para um posto em Paris, na delegação do Brasil junto à Unesco.

1964 Regressa de Paris e colabora com crônicas semanais para a revista *Fatos e Fotos*, assinando, paralelamente, crônicas sobre música popular para o *Diário Carioca*. Começa a compor com Francis Hime. Faz show (transformado em LP) com Dorival Caymmi e o Quarteto em Cy na boate carioca Zum-Zum.

1965 Publica a peça *Cordélia e o peregrino*, em edição do Serviço de Documentação do Ministério da Educação e Cultura. Ganha o primeiro e o segundo lugares do I Festival de Música Popular Brasileira da TV Excelsior de São Paulo, com "Arrastão" (parceria com Edu Lobo) e "Valsa do amor que não vem" (parceria com Baden Powell). Trabalha com o diretor Leon Hirszman no roteiro do filme *Garota de Ipanema*. Volta à apresentação com Caymmi, na boate Zum-Zum.

1966 São feitos documentários sobre o poeta pelas televisões americana, alemã, italiana e francesa, os dois últimos realizados pelos diretores Gianni Amico e Pierre Kast.

Publica *Para uma menina com uma flor*. Faz parte do júri do Festival de Cannes.

1967 Publica a segunda edição (aumentada) do *Livro de sonetos*. Estreia o filme *Garota de Ipanema*.

1968 Falece sua mãe, em 25 de fevereiro. Publica *Obra poética*, organizada por Afrânio Coutinho, pela Companhia Aguilar Editora.

1969 É exonerado do Itamaraty. Casa-se com Cristina Gurjão.

1970 Casa-se com Gesse Gessy. Nasce sua filha Maria Gurjão. Início de sua parceria com Toquinho.

1971 Muda-se para a Bahia. Viaja para a Itália.

1972 Retorna à Itália com Toquinho, onde gravam o LP *Per vivere un grande amore*.

1975 Excursiona pela Europa. Grava, com Toquinho, dois discos na Itália.

1976 Casa-se com Marta Rodrigues Santamaria.

1977 Grava LP em Paris, com
Toquinho. Show com Tom,
Toquinho e Miúcha, no Canecão.

1978 Excursiona pela Europa
com Toquinho. Casa-se com
Gilda de Queirós Mattoso.

1980 Morre, na manhã
de 9 de julho, em sua casa,
na Gávea.

CRÉDITOS DAS IMAGENS

Todos os esforços foram feitos para determinar a origem das imagens deste livro. Nem sempre isso foi possível. Teremos prazer em creditar as fontes, caso se manifestem.

1. Acervo Arquivo — Museu de Literatura Brasileira, da Fundação Casa de Rui Barbosa.
2. DR/Lila Bôscoli/ © Paulo Garcez/DR/VM.
3. DR/VM.
4. Autor não identificado/ Coleção Otto Lara Resende/ Acervo Instituto Moreira Salles.
5. Acervo Arquivo — Museu de Literatura Brasileira, da Fundação Casa de Rui Barbosa.

6/7. Frederic Lewis/Archive Photos/Getty Images.
8/10/11/14. Acervo Arquivo — Museu de Literatura Brasileira, da Fundação Casa de Rui Barbosa.
9. Walker Evans/Walker Evans Archive/Image copyright © The Metropolitan Museum of Art. Image source: Art resource, NY.
12/13. Folhapress.
15. Marc Ferrez/Coleção Gilberto Ferrez/Acervo Instituto Moreira Salles.
16. DR/VM.